AF313363

Important Mobilier

DE STYLE GOTHIQUE, RENAISSANCE, LOUIS XV ET LOUIS XVI

TABLEAUX MODERNES

BIJOUX

Argenterie — Porcelaines — Faïences

TAPISSERIES ANCIENNES

TAPIS D'ORIENT

Mᵉ F. LAIR-DUBREUIL, Commissaire-Priseur
M. A. BLOCHE, Expert près la Cour d'appel

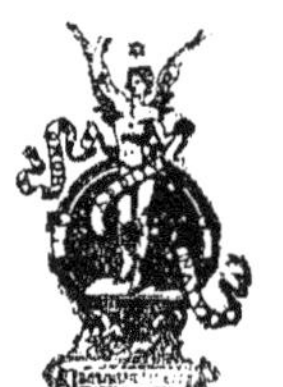

CATALOGUE

D'UN

Important Mobilier

DE STYLE GOTHIQUE, RENAISSANCE, LOUIS XV ET LOUIS XVI

Salle à manger de style gothique
Chambre à coucher de style Renaissance en noyer sculpté
Bahuts — Bureaux plat et à cylindre — Vitrines
Bibliothèques — Commodes — Secrétaires — Tables de salons, Consoles, etc.,
en bois de placage et bois sculpté — Piano droit de Bord — Glaces

MEUBLES ANCIENS

Ameublement de Salon en ancienne tapisserie d'Aubusson

Fauteuils en ancienne tapisserie
Meuble de salon et Sièges divers couverts en soie et en velours

BEAUX BRONZES D'ART ET D'AMEUBLEMENT

DE BARBEDIENNE ET DE BOUDET

TABLEAUX MODERNES

AQUARELLES — DESSINS

PAR BERNE-BELLECOUR, BRUNEL-NEUVILLE, E. DUEZ, H. DUPRAY,
FOUACE, E. ISABEY, E. LAMBERT, LEVY,
LUMINAIS, H. PILLE, SCHRŒDER, A. VOLLON, WILLEMS, ETC.

TABLEAUX ANCIENS, SCULPTURES

BIJOUX

ARGENTERIE, PORCELAINES, FAIENCES, OBJETS VARIÉS

TAPISSERIES ANCIENNES

Rideaux et Tentures en soie — Tapis d'Orient

Dont la Vente aux Enchères publiques après Décès de **M. W...** aura lieu
Partie à la requête de **M. LEMARQUIS**, Administrateur judiciaire
Partie à la requête de **Mme Vve W...**

HOTEL DROUOT, SALLE N° 6

Les Lundi 4, Mardi 5. Mercredi 6 et Jeudi 7 Novembre 1907

A DEUX HEURES

Me F. LAIR-DUBREUIL	**M. ARTHUR BLOCHE**
COMMISSAIRE-PRISEUR	EXPERT PRÈS LA COUR D'APPEL
6, rue Favart	52, rue de Châteaudun

EXPOSITION PUBLIQUE. SALLES 5 ET 6 RÉUNIES

Le Dimanche 3 Novembre 1907, de 1 heure 1/2 à 5 heures 1/2

CONDITIONS DE LA VENTE

Elle sera faite au comptant.

Les adjudicataires paieront *dix pour cent* en sus des enchères.

Paris. — Imp. de l'Art, CH. BERGER et Cⁱᵉ, 41, rue de la Victoire.

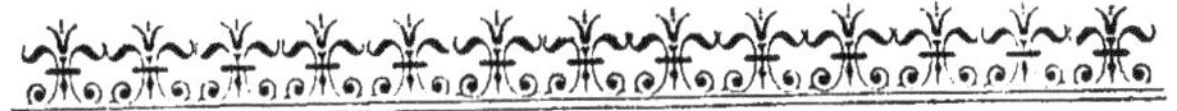

DÉSIGNATION

BIJOUX

1.760 1 — Collier avec motifs à fleurs et feuillages en brillants.

900 2 — Broche forme rinceau fleuronné en brillants et roses.

3 — Petit branchage en brillants.

4 — Bracelet chaine, en or martelé, enrichi de dix chatons en brillants et au centre d'une émeraude entourée de dix brillants.

1.520 5 — Bague enrichie d'une émeraude, de deux gros brillants et de deux plus petits. Monture or.

955 6 — Bague en or, enrichie d'un grand rubis entouré de dix brillants avec deux brillants sur le corps de la bague.

850 7 — Bague en or, enrichie d'un saphir entouré de huit gros brillants avec deux petits brillants sur le corps de la bague.

8 — Bague en or deux corps, enrichie d'un brillant
et d'une perle blanche entre quatre petits brillants.

9 — Bague en or, avec brillant solitaire monté à
griffes.

10 — Bague marquise, pavée de petits brillants.

11 — Bague marquise, enrichie d'un saphir et de
brillants.

12 — Paire de boucles d'oreilles, composée chacune
d'un saphir entouré de huit brillants.

13 — Paire de boucles d'oreilles, composée chacune
de trois brillants montés à griffes.

14 — Deux boutons d'oreilles, formés de deux
perles blanches solitaires.

15 — Deux épinglettes en or, avec brillants montés
à griffes.

16 — Epingle à chapeau, forme épée, en or, enrichie d'une perle fine et de roses.

17 — Epingle de cravate, perle pendeloque, suspen-
due par trois petits diamants à un brillant solitaire monté à griffes.

ARGENTERIE

PLAQUÉ

18 — Cinq plats ovales et deux plats ronds en argent de différentes dimensions, décor à rocailles.

19 — Deux plats ronds en argent, décor à rocailles de Boudet.

20 — Deux plats longs en argent, décor à rocailles de Boudet.

21 — Deux plats creux en argent, décor à rocailles.

22 — Grande cafetière, forme ovoïde, en argent, posant sur trois pieds, panse avec frise ornementée, bec à tête de cheval. Epoque Premier Empire.

23 — Cafetière, de forme ovoïde en argent, posant sur trois pieds à griffes. Epoque Premier Empire.

24 — Plat creux en argent repoussé, offrant au centre un chien poursuivant un cerf, dans un encadrement Louis XV.

25 — Service de table en argent, bordures contournées et à rocailles, composé de huit plats longs de différentes grandeurs, de quatre plats ronds et de deux plats carrés creux. Travail de style Louis XV, de la maison *Boudet*.

26 — Caisse d'argenterie comprenant vingt-quatre
couverts, quarante-huit fourchettes, soixante-
douze couteaux de table, vingt-quatre fourchettes
à huitres, quatre pelles à sel, deux pinces à as-
perges, un service à poissons, deux cuillers à
sauce, quatre pièces à hors-d'œuvre, deux ser-
vices à salades, quatre pièces à bonbons ; le tout
en argent ciselé. Travail d'*Odiot*.

1.650

27 — Caisse renfermant vingt-quatre couverts à
entremets, deux pinces à sucre, vingt-quatre
pelles à glace, deux pelles à fraises et à sucre,
vingt-quatre cuillers à dessert, deux cuillers à
compote, quarante-huit couteaux à dessert, deux
couteaux à fromage, huit grandes pelles et cuillers à glace et à fruits, quatre pièces à bonbons,
le tout en vermeil ciselé. Travail d'*Odiot*.

1.100

28 — Deux saucières sur plateaux adhérents en
argent, bordures ciselées. Travail de style
Louis XV, de la *Maison Boudet*.

29 — Huilier en argent. Epoque Premier Empire.

30 — Six petites salières ovales en argent, avec
leurs cuillers, dessins ajourés à figures d'amours
au milieu de rinceaux Louis XVI.

31 — Deux carafons en verre martelé et gravé,
monture en argent.

32 — Moutardier et deux bouts-de-table en argent,
à figures d'amours. Epoque Premier Empire.

33 — Très petit pot à crème en argent repoussé, de
style Louis XV.

34 — Cuiller à sucre en argent.

35 — Brosse à miettes en argent, de style
Louis XV.

36 — Service à thé et à café en argenture, de
Christofle, composé de : théière, cafetière, pot
à crème et sucrier.

37 — Petit présentoir en argenture, de la maison
Christofle.

38 — Corbeille sur pied en argenture, de Christofle.

39 — Quatre dessous de carafes en argenture, de
Christofle.

40 — Neuf porte-couteaux en argenture, de Christofle.

TABLEAUX MODERNES

ET ANCIENS

AQUARELLES — DESSINS -- GRAVURES

BERNE-BELLECOUR (E.)

41 — *Zouaves pendant le combat.*

> Panneau.
> Signé à gauche et daté : 1884.
>
> Haut., 42 cent.; larg., 60 cent.

BRUNEL NEUVILLE

42 — *Chats et lapins.*

> Panneau.
> Signé.
>
> Haut., 33 cent.; larg., 23 cent.

BRUNEL NEUVILLE

43 — *Trop chaud.*

> Panneau.
> Signé à droite.
>
> Haut., 31 cent.; larg., 22 cent.

BRUNEL NEUVILLE

44 — *Chats et perroquet.*

> Panneau.
> Signé à gauche.
>
> Haut., 45 cent.; larg., 36 cent.

BRUNEL NEUVILLE

(DEUX PENDANTS)

322

45 — *Chats et poissons rouges.*

46 — *Coffret à bijoux.*

Panneaux.
Signés.

Haut., 31 cent.; larg., 44 cent.

BRUNEL NEUVILLE

(DEUX PENDANTS)

150

47 — *La Visite aux lapins.*

48 — *La Souricière.*

Panneaux.
Signés.

Haut., 34 cent.; larg., 25 cent.

BRUNEL NEUVILLE

145

49 — *La Bataille pour un os.*

Panneau.
Signé à droite.

Haut., 26 cent.; larg., 34 cent.

BRUNEL NEUVILLE

(DEUX PENDANTS)

50 — *La Fin du serin.*

51 — *La Cage au lapin.*

Panneaux.
Signés.

Haut., 20 cent.; larg., 26 cent.

BRUNEL NEUVILLE

(DEUX PENDANTS)

52 — *Le Bilboquet.*

53 — *Petits Chats regardant un colimaçon.*

Panneaux.
Signés.

Haut., 26 cent.; larg., 34 cent.

BRUNEL NEUVILLE

(DEUX PENDANTS)

54 — *Chats jouant.*

55 — *Le Repas des petits chats.*

Panneaux.
Signés à gauche.

Haut., 31 cent.; larg., 25 cent.

BRUNEL NEUVILLE

56 — *La Cage.*

57 — *Le Serein jaune.*

58 — *Le Hanneton.*

59 — *La Cage vide.*

BRUNEL NEUVILLE

60 à 71 — *Scènes de la vie des chats.*

Suite de quarante-sept panneaux,
Signés.

DUEZ (E.)

72 — *La Cueillette des fleurs.*

>Toile.
>Signée à droite.
>>Haut., 1 m. 15 cent.; larg., 80 cent.

DUPRAY (H.)

73 — *Le Maréchal de Mac-Mahon et son état-major.*

>Toile.
>Signée à droite.
>>Haut., 31 cent.; larg., 45 cent.

DUPRAY (H.)

74 — *Le Général Billot et son état-major descendant l'avenue des Champs-Elysées.*

>Toile.
>Signée à droite.
>>Haut., 41 cent.; larg., 32 cent.

DUPRAY (H.)

75 — *Maréchal du Premier Empire faisant choix d'un point d'attaque.*

>Panneau.
>Signé à gauche.
>>Haut., 28 cent.; larg., 21 cent.

DUPRAY (H.)

76 à 78 — *Officiers de la première République et du Premier Empire.*

>Cinq aquarelles.
>Signées.

DUPRAY (H.)

79 — *Trophée militaire.*

> Aquarelle.
> Signée à gauche.

DUPRAY (H.)

80 — *La Batterie.*

> Panneau.
> Signé à gauche.

> Haut., 31 cent.; larg., 22 cent.

DUPRAY (H.)

81 — *Le Tambour.*

> Panneau.
> Signé à gauche.

> Haut., 31 cent.; larg., 20 cent.

DUPRAY (H.)

82 — *La Revue des Voltigeurs.*

> Panneau.
> Signé à gauche.

> Haut., 31 cent.; larg., 20 cent.

DUPRAY (H.)

83 — *Le Salut au drapeau.*

> Panneau.
> Signé à droite.

> Haut., 26 cent.; larg., 35 cent.

DUPRAY (H.)

84 — *L'Envoi de la reconnaissance.*

Panneau.

Signé à gauche.

Haut., 26 cent.; larg., 35 cent.

DUPRAY (H.)

85 — *Carnot revenant de la Revue de Longchamp.*

Panneau.

Haut., 28 cent.; larg., 40 cent.

DUPRAY (H.)

86 — *Combat d'artillerie.*

Toile.

Haut., 38 cent.; larg., 55 cent.

DUPRAY (H.)

87 — *Aux Grandes manœuvres, après la bataille.*

Toile.

Haut., 33 cent.; larg., 40 cent.

DUPRAY (H.)

88 — *Le Messager autrichien.*

Panneau.

Haut., 19 cent.; larg., 26 cent.

DUPRAY (H.)

89 — *Napoléon sur le champ de bataille.*

Toile.

Haut., 38 cent.; larg., 46 cent.

DUPRAY (H.)

90 — *Convoi de prisonniers prussiens, siège de Paris, 1870.*

Toile.

Haut., 32 cent.; larg., 40 cent.

DUPRAY (H.)

91 — *Officiers étrangers, retour des manœuvres.*

Toile.

Haut., 45 cent.; larg., 58 cent.

ÉCOLE FLAMANDE

92 — *La Buveuse.*

Toile.

Haut., 24 cent.; larg., 20 cent.

ÉCOLE FRANÇAISE

93 — *La Partie de dames.*

Toile.

Haut., 61 cent.; larg., 53 cent.

ÉCOLE FRANÇAISE

94 — *Scène de cabaret.*

Toile.

Haut., 47 cent.; larg., 60 cent.

ÉCOLE FRANÇAISE

95 — *Le Bastringue.*

Dessin au lavis.

ÉCOLE FRANÇAISE

96 — *Le Conseil*.

Gravure en couleur.

ÉCOLE ITALIENNE (xvie siècle)

97 — *Portrait en pied de Seigneur représenté gran-
deur nature sur fond d'or tenant une banderole
avec inscription*.

Panneau.

Haut., 1 m. 95 cent.; larg., 60 cent.

FOUACE (Guillaume-Romain)

98 — *Dans les rêves*.

Toile.
Signée à droite.

Haut., 1 m. 4 cent.; larg., 1 m. 70 cent.

FOUACE (Guillaume-Romain)

99 — *Natures mortes : Bourriche de prunes, chau-
dron, soupière, pain de sucre et balance*.

Toile.
Signée à droite.

Haut., 1 m. 5 cent.; larg., 1 m. 70 cent.

GALIEN-LALOUE (E.)

100-101 — *Vues de Paris*.

Deux aquarelles se faisant pendants.
Signées à gauche.

GOYA (Attribué à)

102 — *La Sorcière.*

Toile.

Haut., 30 cent.; larg., 23 cent.

ISABEY (Eugène)

103 — *Pêcheurs près d'une barque au bord de la mer.*

Toile.
Signée à droite.

Haut., 26 cent.; larg., 40 cent.

LAMBERT (Eugène)

104 — *Chats et pie dans une cuisine.*

Panneau
Signé à gauche.

Haut., 17 cent.; larg., 25 cent.

LAMUSSE (F.)

105 — *Le Pioupiou.*

Caricature, fusain.
Signé à gauche.

LÉVY (Émile)

106 — *La Marchande de fleurs.*

Toile.
Signée à droite et datée : *1873.*

Haut., 1 m. 13 cent.; larg., 78 cent.

LUMINAIS

107 — *Cavaliers francs à cheval traversant un gué.*

1560

Toile.
Signée à gauche.

Haut., 1 m. 40 cent.; larg., 95 cent.

OSTADE (Attribué à ADRIAN VAN)

108 — *Intérieur de cabaret.*

200

Panneau.
Porte une signature à gauche.

Haut., 35 cent.; larg., 45 cent.

PILLE (HENRI)

265

109 — *Le Retour de la messe.*

110 — *Le Fou du roi.*

Deux dessins à la plume se faisant pendants.
Signés.

SALMON (TH.)

(DEUX PENDANTS)

111 — *Sur la grève.*

112 — *Le Réveil.*

Toiles.
Signées à droite.

Haut., 31 cent.; larg., 22 cent.

SCHROEDER (A.)

113 — *Gentilhomme écoutant un merle.*

Panneau.

Signé à droite en haut et daté : *1884*.

Haut., 31 cent.; larg., 22 cent.

TENIERS (Attribué à D.)

(DEUX PENDANTS)

114-115 — *Danses champêtres devant l'auberge.*

Panneaux.

Cadres en bois sculpté et doré.

Haut., 17 cent.; larg., 22 cent.

TITIEN (Ecole du)

116 — *La Duchesse de Ferrare.*

Toile.

Haut., 60 cent.; larg., 85 cent.

VOLLON (A.)

117 — *Nature morte, potiron, tomates, poissons et ustensiles divers.*

Toile.

Signée à droite.

Haut., 78 cent.; larg., 95 cent.

VOLLON (A.)

118 — *Natures mortes : Paniers de pêches, poires, prunes et raisins.*

Toile.

Signée à gauche.

Haut., 45 cent.; larg., 55 cent.

WILLEMS F.

119 — *La Visite.*

Panneau.
Signé à gauche.

Haut., 60 cent.; larg., 49 cent.

120 — Deux lithographies en noir : *Rubens et Marie
de Médicis.*

PORCELAINES — FAIENCES

121 — Lampe formée par un vase-rouleau en ancienne porcelaine de Chine, décor en rouge et vert à branchages fleuris et lambrequins; monture en bronze doré, style Louis XV. Disposée pour l'électricité.

122 — Deux potiches avec couvercles en porcelaine de Chine, décor à fleurs et dragons sur fond bleu-turquoise. Bordure fond jaune.

123 — Grande vasque en porcelaine de Chine, décor à fleurs et lambrequins en bleu sur blanc, socle en bois sculpté de style chinois.

124 — Coupe en porcelaine de Chine à personnages ; monture en bronze doré.

125 — Jardinière en porcelaine de Chine, fond bleu-turquoise, à fleurs.

126 — Deux plats ronds en vieux Chine, décor en bleu, rouge et or, à branchages fleuris.

127 — Trois plats ronds en vieux Chine, décor en bleu, rouge et or, à branchages fleuris.

128 — Deux plats ronds en vieux Chine, décor en bleu, rouge et or, à branchages fleuris.

129 — Grand plat rond en porcelaine de Chine, décor central, offrant un paysage avec personnage.
Bordure à réserves de fleurs et petits personnages.

130 — Deux assiettes en vieux Chine, décor à branchages et jardinières fleuris, en bleu, rouge et
or.

131 — Deux assiettes en vieux Chine, décor à vases
et jardinières fleuris, bordure à réserve de paysages, en rouge-corail et or.

132 — Cinq assiettes en vieux Chine, décor en bleu,
rouge et or, à branchages fleuris.

133 — Bol, avec sa soucoupe, en porcelaine de Chine,
à personnages.

134 — Deux petits vases en porcelaine de Chine,
décor à personnages.

135 — Petite jardinière, avec son plateau, en porcelaine de Chine.

136 — Un compotier en vieux Chine, décor à fleurs
rouge, bleu et or.

137 — Potiche à couvercle en porcelaine de Chine,
décor en bleu, à arbustes fleuris.

138 — Coupe en porcelaine de Chine, décors exté-
rieur et intérieur, à réserves de paysages, en
bleu sur blanc.

139 — Cornet en porcelaine de Chine, décor à fleurs
en bleu sur blanc.

140 — Deux tasses avec leurs soucoupes en porcelaine de l'Inde, décor à armoiries et guirlandes.

141 — Sucrier en ancienne porcelaine du Japon,
décor bleu, rouge et or.

142 — Douze plats et assiettes en porcelaine du
Japon, décor polychrome.

143 — Deux coupes en porcelaine du Japon, décor
à rosaces et arbustes en bleu, rouge et or.

144 — Deux petites tasses avec leurs soucoupes en
porcelaine du Japon.

145 — Deux potiches en porcelaine du Japon,
forme à pans, décor en bleu à lambrequins et
fleurs.

146 — Deux petites bouteilles en porcelaine de
Sèvres, fond vert pâle.

147 — Deux petites tasses avec leurs soucoupes en
porcelaine à la Reine.

148 — Deux compotiers en ancienne porcelaine de
Paris, décors à fleurs, bordures dentelées.

149 — Petit baguier en porcelaine de Berlin, décor
à fleurs.

150 — Sept figurines en porcelaine d'Allemagne.

151 — Deux petits candélabres, à figures d'enfants,
en porcelaine décorée.

152 — Deux statuettes en porcelaine décorée : In-
croyables.

153 — Deux petits seaux en porcelaine, fond vert,
à médaillons de bouquets de fleurs.

154 — Groupe en biscuit : Les Petits Bacchants,
d'*Auguste Moreau*.

155 — Groupe en biscuit : Le Nid. Signé : *Croisy*.

156 — Groupe en biscuit et porcelaine : La Bac-
chante au Therme, de *Van der Bossche*.

157 — Groupe en biscuit : Allégorie aux Arts. Signé :
Noël Sailly.

158 — Statuette en biscuit : Dans les blés, d'*Auguste
Moreau*.

159 — Quatre petites figurines en biscuit : Les
Amours musiciens.

160 — Paire de lampes, formées de vases à panses
côtelées, en ancienne faïence de Delft, décor en
bleu sur blanc; monture en bronze dans le goût
chinois. Disposées pour l'électricité.

161 — Deux petits vases surbaissés en faïence de
Delft, décor en bleu.

162 — Deux assiettes en vieux Delft, décor en bleu
à corbeilles fleuries.

163 — Deux bouteilles en faïence de Delft, décor en
bleu à réserves de paysages.

164 — Deux petites gourdes en faïence de Delft,
décor en bleu sur blanc.

165 — Deux petites potiches en faïence de Delft,
décor à animaux dans des paysages.

166 — Deux bouteilles en faïence de Delft, décor en
bleu sur blanc.

167 — Légumier avec couvercle de forme oblongue
en vieux Rouen, décor à fleurs.

168 — Grand plat rond en ancienne faïence de
Rouen, décor aux grenades et volatiles.

169 — Paire de lampes formées de vases en faïence
de Moustiers, offrant des médaillons à petits
personnages au milieu de guirlandes et bou-

quets de fleurs ; monture en bronze doré. Disposées pour l'électricité.

170 — Plat oblong en faïence de Moustiers, décor
en vert à personnages, d'après *Callot*.

171 — Soupière ronde en faïence de Moustiers,
décor en bleu.

172 — Deux bouquetières en faïence de Moustiers,
décor à fleurs et personnages.

173 — Petit pot à crème en faïence de Moustiers, à
personnages chinois.

174 — Assiette en faïence de Moustiers, décor en
vert.

175 — Deux assiettes en faïence de Moustiers, décor
en bleu, d'après *Bérain*.

176 — Plat ovale en ancienne faïence de Marseille,
décor à bouquets et semis de fleurs.

177 — Cache-pot en faïence, genre de Nevers, décor
en camaïeu bleu.

178 — Vase en faïence de Nevers, fond bleu, dessin
en camaïeu, à rinceaux fleuronnés et volutes,
anses à torsades.

179 — Jardinière carrée, à deux anses, en faïence
de Nevers, décor en bleu.

180 — Deux poudrières en faïence de Nevers, décor en bleu sur blanc.

181 — Deux assiettes en faïence de Strasbourg, décors d'oiseaux et d'insectes.

182 — Plat en faïence italienne : Le Triomphe de Vénus.

183 — Deux vases en faïence italienne, décor en bleu, anses à cariatides d'amours.

184 — Pichet en faïence italienne, décoré d'armoiries.

185 — Deux cornets en faïence italienne, offrant des médaillons à figures de saints. Monture en bois.

186 — Deux plats en faïence décorée dans le goût persan. Signés : *Lachenal*.

187 — Deux plats creux en faïence décorée dans le goût persan, à fleurs. Signés : *Lachenal*.

188 — Plat creux en faïence offrant au centre un combat d'animaux. Signé : *Lachenal*.

189 — Deux plats en faïence, décorée dans le goût persan, de *Lachenal*.

190 — Deux plats creux en faïence de Lachenal, décor polychrome à animaux courant.

191 — Deux antilopes en faïence anglaise décorée.

192 — Deux coqs et deux canards en faïence émaillée.

193 — Deux plats ronds en céramique, offrant des guirlandes de feuillages, travail de *Delaherche*.

194 — Jardinière-suspension en faïence décorée. Disposée pour éclairer à l'électricité.

195 — Deux jardinières sur pieds en faïence de Gien décorée dans le goût de Rouen, anses à mascarons.

196 — Assiette en terre hollandaise, offrant au centre la Vierge et l'Enfant.

197 — Deux bouteilles porte-bouquets en terre vernissée.

198 — Service de fumeur en faïence décorée.

199 — Service de table en porcelaine blanche, bordure dorée, à rocailles, composé d'environ deux cents pièces.

200 — Service de verrerie en cristal taillé, composé d'environ cent quarante pièces.

BRONZES D'ART ET D'AMEUBLEMENT

FERS FORGÉS, CUIVRES

201 — Deux grands lampadaires en bronze patine foncée, à figures de Mercure et la Fortune tenant des bouquets de lumières à trois branches, disposées pour l'électricité, posant sur des socles en marbre rouge, garnis de bronzes dorés.

202 — Groupe en bronze : Gloria victis, de A. Mercié. Edition de *Barbedienne;* socle en marbre rouge.

203 — Statuette en bronze : Arlequin, de Saint-Marceaux. Edition de *Barbedienne.*

204 — Statuette en bronze : David vainqueur, de A. Mercié.

205 — Groupe en bronze : Le Retour des vendanges. Signé : *Grégoire.* Socle en marbre rouge griotte, orné d'un thyrse de laurier.

206 — Buste de jeune femme Moyen âge. Signé : C. *Clère.* Sur socle en marbre noir et rouge, orné d'un thyrse de laurier en bronze doré.

207 — Bronze : Passez au large. Signé : *Valton.*

208 — Buste en bronze : Guerrier, xvie siècle.
Signé : *Ancillotti*. Edition *Boudet*.

209 — Presse-papier en bronze patiné : Le Petit
Rameur. Signé : *Marcel Debut*. Edition *Boudet*.
Socle en marbre rouge.

210 — Paire de candélabres formés de vases en
bronze à patine claire, offrant en bas-relief des
vestales, d'où s'échappent des bouquets de
lumières enguirlandés à neuf branches en bronze
doré : socles en marbre rouge garni de bronzes.
Travail de style Louis XVI, de la *Maison Barbedienne*.

211 — Garniture de cheminée en marbre noir et
bronze frotté d'or, composée d'une pendule
surmontée d'une statuette : Laurent de Médicis,
et de deux candélabres à six lumières. Edition
de *Barbedienne*.

212 — Pendule Louis XV, forme taureau, portant
le cadran surmonté d'un amour en bronze,
patine foncée et dorée.

213 — Paire de candélabres, forme trépieds, en
marbre vert, bronze ciselé et doré, à guirlandes
de feuillages et serpents enroulés. Disposés pour
l'électricité. Style Louis XVI.

214 — Lustre à seize lumières extérieures, six inté-
rieures, en bronze ciselé et doré, orné de caria-

tides de femmes se terminant en volutes entre-
coupées de torchères, avec branchages feuillagés ;
le bas à coupole évidé, garni d'enfilages de cristal ; le haut dômé avec lambrequins et guirlandes. Style xviiie siècle.

215 — Lustre à treize lumières pour l'électrité en
bronze doré, modèle à rocailles feuillagés, avec
amour en bronze, patine foncée.

216 — Lustre jardinière en bronze argenté et doré.
Disposé pour l'électricité.

217 — Trois plafonniers électriques, forme coupole,
en bronze doré et perles de cristal taillé.

218 — Paire de chenêts en bronze ciselé et doré, à
rinceaux feuillagés et figures d'enfants se chauf-
fant. Style Louis XVI.

219 — Paire de chenêts en bronze doré, à volutes
feuillagées. Style Louis XV.

220 — Horloge en cuivre avec mouvement à jour,
sur support d'applique en bois sculpté, orné de
figurines posant sur des consoles feuillagées.
xviiie siècle.

221 — Paire de candélabres, forme vase, en bronze
ciselé et doré, avec bouquets à sept lumières,
de style Louis XV.

222 — Paire de grands flambeaux à bases octogo-
nales en bronze ciselé et doré, tiges à cannelures. Edition de *Barbedienne*.

223 — Paire de flambeaux en bronze ciselé et doré, modèle Louis XV. Edition de *Barbedienne*.

224 — Paire de flambeaux en bronze, parties dorées, à cariatides de femmes drapées.

225 — Paire de flambeaux en bronze ciselé, doré et argenté, à cannelures et feuillages. Travail de style Louis XVI, de la *Maison Barbedienne*.

226 — Paire de flambeaux en bronze. Disposés pour l'électricité. Style XVIIᵉ siècle.

227 — Six petites figurines en bronze doré. XVIIᵉ siècle.

228 — Cartel Louis XVI en bronze ciselé et doré, à guirlandes de lauriers, surmonté d'un vase enflammé.

229 — Petit cartel en bronze ciselé et doré, de style Louis XVI, de la *Maison Boudet*.

230 — Jardinière et deux coupes en bronze ciselé et argenté, à écussons et rocailles fleuronnés, de la *Maison Boudet*.

231 — Paire de girandoles en cuivre gravé, ornées de perles et de pendeloques en cristal.

232 — Paire de girandoles en bronze ciselé et argenté, de style Louis XV.

233 — Paire d'appliques à trois lumières électriques en bronze ciselé et doré, de style Louis XV.

234 — Paire d'appliques en bronze ciselé et doré, à trois lumières, en forme de torches enflammées. Disposées pour l'électricité.

235 — Lustre en fer forgé et découpé à jour, disposé pour l'électricité, à une lampe et vingt-quatre bougies. Style gothique.

236 — Deux grands landiers en fer forgé, surmontés de couronnes et offrant sur le devant des lions héraldiques, en bronze doré. Style gothique.

237 — Paire d'appliques en fer, forme feuilles de chardons. Disposés pour l'électricité.

238 — Deux landiers en fer forgé sur base tripode. Style Renaissance.

239 — Deux landiers en fer, avec boules en cuivre jaune. xviiᵉ siècle.

240 — Vasque-jardinière en cuivre jaune, décor à fleurs en repoussé.

241 — Deux plats ronds en cuivre jaune repoussé, offrant au centre des ombilics et inscriptions gravées. xviiᵉ siècle.

242 — Plat en cuivre jaune repoussé et gravé, offrant, au centre, Adam et Ève, et une inscription gravée. xviiᵉ siècle.

243 — Deux plats ronds en cuivre jaune gravé, à inscriptions avec ombilic central.

244 — Porte-pelle et pincettes, avec accessoires, en bronze doré, de style Louis XV.

245 — Porte-pelle et pincettes en bronze doré, de style Louis XVI.

246 — Fontaine et son bassin en cuivre jaune et repoussé à armoiries.

247 — Deux petites lampes en cuivre jaune gravé. XVIIIᵉ siècle.

248 — Lustre flamand, à six lumières, en cuivre poli.

249 — Petit lustre flamand en cuivre rouge.

250 — Paire de petits flambeaux en bronze doré, modèle à tulipes. Édition de *Barbedienne*.

251 — Deux seaux en cuivre rouge repoussé. Louis XIII.

253 — Bougeoir Louis XIII en cuivre jaune repoussé.

254 — Petit sucrier en cuivre jaune gravé.

255 — Petit vase avec couvercle en cuivre gravé d'Orient.

256 — Petite boîte oblongue en cuivre gravé. Travail hollandais.

257 — Mortier en bronze orné de saillies.

258 — Cuirasse en fer et cuivre du Premier Empire.

259 — Statuette en bronze frotté d'or, représentant
un personnage grotesque portant une vasque sur
socle en bois laqué d'or, signé. Travail japonais.

260 — Brûle-parfums en ancien bronze de Chine,
représentant un personnage assis sur un zébu ;
socle en bois sculpté, dans le goût chinois.

261 — Chimère jouant avec une boule ajourée en
ancien bronze de Chine.

262 — Jardinière en émail cloisonné de Chine, fond
bleu à fleurs, avec réserves de dragons sur fond
jaune.

263 — Petit vase en émail cloisonné du Japon.

264 — Vase en bronze gravé de Chine, pied forme
lézard, anses à anneaux mobiles.

265 — Paire de flambeaux en bronze de style chinois, ornés de chimères.

SCULPTURES — OBJETS VARIÉS

266 — Divinité indoue en marbre blanc sculpté et
doré, représentée debout dans un portique, tenant
un arc et un carquois.

267 — Petit buste en marbre : le Capucin.

268 — Groupe en terre cuite : les Mathurins.

269 — Groupe en terre cuite : les Politiciens, signé : *Desbordes*, socle en bois sculpté.

270 — Statuette en terre cuite peinte : l'Accordée de Village, d'*H. Moreau*.

271 — Buste reliquaire en bois sculpté peint et doré, sur socle doré. XVIIe siècle.

272 — Groupe en bois sculpté représentant deux servantes offrant des fruits à une jeune femme. Travail japonais.

273 — Coffret à bijoux en bois sculpté, couvercle orné d'un trophée de carquois et de torches enflammées.

274 — Miroir avec cadre en bois sculpté, de style chinois.

275 — Statuette de femme en bois laqué, incrusté de nacre avec têtes et mains en ivoire : socle en bois laqué, signé. Travail japonais.

276 — Suite de vingt poupées habillées. XVIIIe siècle.

277 — Écritoire en marqueterie, style de *Boulle*, garni de bronzes.

278 — Modèle de petite vitrine en soierie et peluche.

279 — Petite figurine d'enfant en ivoire sculpté.

280 — Râtelier à pipes à figure d'homme en bois noir sculpté.

281 — Flacon à bétel en jade.

282 — Deux figurines de Chinoises en pierre de lare.

283 — Deux hallebardes en fer gravé, hampes en velours clouté de fer.

284 — Poignard japonais en os sculpté, à nombreux personnages.

MEUBLES ANCIENS ET DE STYLE

AMEUBLEMENT DE SALON, SIÈGES

285 — Mobilier de salon composé d'un canapé et six fauteuils en bois sculpté et doré, couverts en tapisserie d'Aubusson du temps de Louis XVI, représentant des médaillons à volatiles encadrés de guirlandes de fleurs suspendues à des nœuds de rubans.

286 — Six fauteuils en bois sculpté et doré, forme Louis XV, couverts en ancienne tapisserie à médaillons de volatiles encadrés de rinceaux enguirlandés de fleurs sur fond clair contre fond bleu.

287 — Deux grands fauteuils en bois sculpté et doré, couverts en tapisserie : l'un fond vert, l'autre fond rouge à grands médaillons de vases de fleurs, encadrés de rinceaux dans le goût de Bérain.

288 — Trois grands fauteuils et tabouret en bois
sculpté, de style Louis XIII, accotoirs à volutes
feuillagées, sièges et dossiers couverts en ancienne tapisserie de Bruxelles à fleurs, fruits et
ramages.

289 — Canapé et quatre fauteuils en bois sculpté et
doré, dossiers couronnés de jetées de roses,
couverts en soie fond clair brochée à festons de
fleurs et de rubans. Style Louis XVI.

290 — Canapé et deux bergères, de forme Louis XV,
en bois sculpté et doré, couverts en velours,
fond gris à fleurettes bleues et rouges.

291 — Deux fauteuils en bois sculpté laqué blanc,
couverts en soierie rose brochée, à festons et
bouquets de fleurs. Epoque Louis XV.

292 — Petit canapé en bois sculpté et doré, foncé de
canne, avec coussins en soierie fond crème,
brochée à fleurs. Style Louis XVI.

293 — Banquette de même style.

294 — Fauteuil en bois sculpté, à contours fleuronnés, couvert en soierie rayée et brochée,
fond rose.

295 — Fauteuil Louis XVI en bois sculpté, couvert
en soierie brochée, fond bleu.

296 — Deux banquettes en noyer sculpté, foncées
de canne. Style Louis XV.

297 — Deux fauteuils et quatre chaises couverts en panne rouge, ornés d'applications.

298 — Chaise-longue en drap rouge orné d'applications.

299 — Deux canapés couverts en tapis, genre oriental.

300 — Deux chaises à hauts dossiers en noyer sculpté, dossiers à serviettes, sièges en velours de lin rouge orné d'applications. Style gothique.

301 — Deux chaises Louis XV en bois sculpté, dossiers ajourés, sièges foncés de canne.

302 — Quatre chaises à dossiers, ornés de lyres en bois sculpté et doré, couvertes en soierie brochée de style Louis XVI.

303 — Deux chaises en bois sculpté et doré, foncés de canne, avec coussins en soie blanche brochée à fleurs. Style Louis XV.

304 — Chaise Louis XVI en bois sculpté, peint en blanc, couverte en soie bleue brochée blanc.

305 — Chaise Louis XVI en bois sculpté, peint blanc et doré, couverte en velours quadrillé.

306 — Bois de fauteuil Louis XVI, réchampi de blanc, dossier canné.

307 — Commode, à trois rangs de tiroirs en bois de rose et palissandre, garnie de bronze dorés, dessin à rocailles. XVIIIe siècle.

308 — Commode, forme ventrue, en bois de rose,
ouvrant à quatre tiroirs; poignées, entrées de
serrures et montants en bronze; dessus de marbre. Epoque Louis XV.

309 — Secrétaire en bois de rose et de violette, entrées de serrures et poignées en bronze; dessus
de marbre gris. Epoque Louis XVI.

310 — Secrétaire en acajou et filets de cuivre; dessus
en marbre gris. Epoque Louis XVI.

311 — Armoire normande en bois sculpté, à médaillons, ornés de vases fleuris; fronton à corbeille.
Epoque Louis XVI.

312 — Ameublement de cabinet de travail en bois
sculpté, à mascarons, têtes d'aigles et de chéru-
bins, couvert en velours de lin vert, composé
de deux canapés et quatre fauteuils. Style
Louis XIII.

313 — Bahut à hauteur d'appui en marqueterie de
bois de luxe à losanges posant sur six pieds.
Le milieu, légèrement en ressaut, orné dans le
haut de guirlandes de fleurs suspendues à des
nœuds de rubans et de lauriers en bronze finement ciselé et doré; les montants formés par
d'élégantes colonnettes en bronze doré, s'ouvrant à trois portes et trois tiroirs; dessus
marbre brocatelle rose. Style Louis XVI.

314 — Table de salon, de forme rectangulaire, en
palissandre, ornée d'arabesques et de bas-reliefs,
à jeux d'amours en bronze ciselé et doré; dessus en marbre d'Algérie. Style Louis XVI.

315-316 — Deux vitrines, de style Louis XVI, s'ouvrant chacune à une porte intérieure avec tablettes
et fond de glace, le bas en marqueterie de bois
de luxe à losanges, frises et montants à arabesques et guirlandes de lauriers. Style
Louis XVI.

317 — Commode, de style Louis XV, en marqueterie
de bois, à fleurs avec encadrements et ornements
en bronze ciselé et doré à rocailles fleuronnées
et feuillagées; dessus marbre fleur de pêcher.
Style Louis XV.

318 — Bureau cylindrique en marqueterie de bois
de couleur et bois de rose, dessins à losanges
offrant sur le devant un trophée d'instruments
de musique. Style Louis XVI.

319 — Table-bureau, de style Louis XV, en bois de
rose, ornée de bronzes, ciselés et dorés, dessin
à rocailles fleuronnés; dessus en cuivre gravé
et doré de style Louis XV.

320 — Meuble à deux corps en noyer sculpté, s'ouvrant à quatre portes, décorées de vases orne-
mentés, montants à colonnettes torses, fronton
avec niche renfermant une statuette de guerrier.
Style Louis XIII.

321 — Bureau en noyer sculpté, à rinceaux et vases fleuris, mascarons et motifs ornementés le haut, ouvrant à deux portes, renferme un coffre-fort de la *Maison Petitjean*, il forme étagères sur les côtés, flanqué de colonnettes cannelées, piéte-ments à pilastres. Style Renaissance.

322 — Bibliothèque ouvrant à cinq portes vitrées cintrées dans le haut, en noyer sculpté, colon-nettes surmontées de chapiteaux, têtes d'hom-mes en haut relief, le haut à crénelures, le bas à bas-relief de personnages, tenant des écus-sons. Style Renaissance.

323 — Ameublement de salle à manger en noyer, finement sculpté, composé d'un buffet-crédence, ouvrant à quatre vantaux, orné d'ogives fleu-ronnées, le haut crénelé et découpé à jour ; de deux dressoirs à étagères, le haut découpé à jour, dessins à ogives ; d'une table rectangu-laire à piétements sculptés ; de douze chaises à pieds en X, recouvertes de cuir brun clouté de cuir. Travail de style gothique de la *Maison Leroux*.

324 — Deux meubles-vitrines à argenterie en noyer, finement sculpté, montants à colonnes canne-lées, supportées par des cariatides de femmes, bandeaux à rosaces. Travail de style Renais-sance de la *Maison Leroux*.

325 — Ameublement de chambre à coucher en noyer sculpté, composé: 1° d'un lit de milieu avec baldaquin, orné d'oves et de godrons, le fond du lit à écusson et armoiries, accosté de deux dauphins, montants à colonnettes cannelées, entre-coupées de motifs à feuilles d'acanthe ; tour de lit et garniture en drap rouge, orné d'application de velours vert; 2° d'une armoire s'ouvrant à trois portes, décorée par compartiments de rosaces et têtes de personnages en ronde-bosse; le haut en retrait supporté par quatre cariatides de personnages posés sur des gaines feuillagées avec frises ornementées : 3° deux tables de nuit s'ouvrant à une porte et tiroir. Travail de style Renaissance de la *Maison Girard*.

326 — Bahut ouvrant à deux portes en bois sculpté, à vases fleuris au milieu de rinceaux feuillagés, montants à cariatides, supportés par des génies ailés et assis. Style Renaissance.

327 — Table à thé en bois sculpté. Moucharabie.

328 — Table en noyer sculpté, avec piètements à doubles colonnettes. Style Renaissance.

329 — Petite table en noyer ouvrant à un tiroir, supporté par des colonnettes cannelées, avec piètements à galeries. Style Renaissance.

330 — Deux colonnes torses en bois sculpté, guirlandes de lauriers; base et entablement orne-mentés. Style Louis XIII.

331 — Cabinet italien en bois noir plaqué d'ivoire gravé, xviiie siècle.

332 — Petit meuble en marqueterie de bois, travail hollandais ouvrant à deux portes.

333 — Pendule d'applique, avec socle en marqueterie de cuivre orné de bronze.

334 — Lit en noyer sculpté, garni de canne dorée.

335 — Table en bois sculpté, à contours, pieds reliés par un croisillon. Style Louis XV.

336 — Piano droit en palissandre, de la *Maison Bord*.

337 — Petit buffet bas en noyer sculpté, ouvrant à deux tiroirs et à trois portes, avec bustes de personnages en haut relief. Style Renaissance.

338 — Petit guéridon en palissandre, orné de bronzes dorés; dessus en marqueterie de bois. Style Louis XV.

339 — Guéridon, de forme contournée, en palissandre, sur quatre pieds reliés par un entrejambe; ornements en bronzes dorés; dessus de marbre onyx, de style Louis XV.

340 — Table en noyer sculpté, posant sur quatre pieds, balustres, entrejambe à colonnettes ouvrant à deux tiroirs. Style Renaissance.

341 — Table à thé en bois gravé et incrusté de nacre. Style chinois.

342 — Petite table à ouvrage en marqueterie de bois. Travail hollandais.

343 — Porte-parapluies en noyer sculpté, de style Renaissance.

344 — Deux consoles d'appliques en noyer sculpté, à têtes d'hommes. Style xvie siècle.

345 — Glace biseautée, avec cadre en marqueterie de bois à fleurs.

346 — Glace biseautée, avec cadre en bois noir.

347 — Coffret de mariage en bois de thuya et marqueterie de bois. Époque 1830.

348 — Glace, avec cadre à fronton en cuivre repoussé et découpé à jour.

349 — Deux glaces biseautées, avec cadres à frontons en bois sculpté et doré, à grands feuillages ajourés. Travail florentin.

TAPISSERIES ANCIENNES
TENTURES — TAPIS D'ORIENT

350 à 353 — Suite de quatre tapisseries des Flandres, représentant des pièces d'eau animées de volatiles dans des paysages boisées, avec vues de châteaux en perspective, bordures simulant un encadrement sur fond bleu pâle.

> Haut., 3 m. 5 cent.; larg., 2 m. 45 cent.
> Haut., 3 m. 5 cent.; larg., 2 m. 60 cent.
> Haut., 3 m. 5 cent.; larg., 2 m. 40 cent.
> Haut., 3 m. 5 cent.; larg., 2 m. 20 cent.

354 — Panneau en ancienne tapisserie des Flandres, représentant le Joueur de vielle faisant danser un paysan au milieu d'un paysage boisé, traversé par un cours d'eau avec vues de châteaux en perspective. Bordures à fleurs et feuillages.

> Haut., 2 m. 65 cent.; larg., 2 m. 90 cent.

355 — Petite portière en ancienne tapisserie, représentant un paysage avec cours d'eau, bordures sur deux côtés, à guirlandes de roses, doublée de velours de lin vert.

> Haut., 2 m. 85 cent.; larg., 1 m. 30 cent.

356 — Grand panneau en ancienne tapisserie des Flandres, offrant un paysage boisé et accidenté; larges bordures à petits médaillons de paysages au milieu de vases et rinceaux fleuris et feuillagés, avec grappes de raisin sur fond marron.

> Haut., 3 m. 40 cent.; larg., 3 m. 30 cent.

357 - Grande portière en ancienne tapisserie, représentant un paysage boisé et accidenté, traversé par un cours d'eau; bordures à guirlandes de roses sur fond jaune, encadrements en velours de lin vert.

Dimensions de la tapisserie :
Haut., 3 mètres; larg., 2 m. 20 cent.

358-359 — Deux panneaux en ancienne tapisserie d'Aubusson, représentant des paysages animés de volatiles, avec vues de châteaux en perspective; bordures à chutes de fleurs et de fruits suspendus à des nœuds de rubans.

Haut., 3 m. 5 cent.; larg., 1 m. 10 cent.

360-361 — Deux décors de baie, composés chacun d'un bandeau et de deux pentes en ancienne tapisserie de Bruxelles, à chutes de fleurs et fruits, avec bordure simulant un cadre.

Haut., 3 m. 60 cent.; larg., 2 m. 10 cent.

362 — Lot de morceaux en ancienne tapisserie de Bruxelles, à fleurs et fruits.

363 — Quatre grands rideaux en lampas vieux rose, dessins ton sur ton, à bouquets détachés de fleurs et feuillages doublés de soierie blanche.

364 — Deux rideaux en satin jaune, broché de soie blanche, dessins à festons et rocailles fleuris.

365 — Paire de rideaux avec bandeaux en panne rouge, à bandes d'applications jaune et verte, doublés en soie verte.

366 — Deux paires de rideaux en drap rouge, avec
bandeaux ornés d'applications.

367 — Tapis de table en velours de lin, avec chif-
fres et encadrement en ancien galon d'argent.

368 — Deux coussins en soierie brochée, de style
Louis XVI.

369 — Deux coussins en tapisserie et drap brodés.

370 — Trois coussins en soie rouge, ornés de bro-
deries métalliques dorées.

371 — Tenture murale en soierie jaune à fleurs.

372 — Tapis long d'Orient, décor à arbustes et
ornements sur fond gros bleu. Bordure fond
rose.
Long., 5 m. 30 cent.; larg., 1 m. 80 cent.

373 — Grand tapis de Perse, fond jaune, encadrement à quadruple, bordure à décors polychromes.
4 m. 50 cent. sur 3 mètres.

374 — Grand tapis de Smyrne, dessins en bleu,
rouge et vert.
6 m. 70 cent. sur 5 m. 50 cent.

375 — Tapis de Smyrne, fond rouge, à dessins
vert et bleu.
3 m. 30 cent. sur 2 m. 60 cent.

376 — Petit tapis d'Orient, fond vert, à bordures
multiples.

377 — Tapis de prière d'Orient, fond rouge, à ornements en polychrome.

378 — Petit tapis de prière d'Orient, centre fond vert ; bordure fond noir, à fleurs et ornements polychromes.

379 — Petit tapis d'Orient, centre fond vert et rouge ; bordures fond rouge et bleu, dessins polychromes.

380-381 — Deux petits tapis d'Orient, à reflets veloutés, centre fond vert ; bordures fond jaune.

382-383 — Deux petits tapis de prière d'Orient, fond gros bleu, avec groupes de chimères ailées ; bordures fond crème, à dessins polychromes.

384 à 386 — Trois petits tapis d'Orient, fond gros bleu, à décors variés en polychrome.

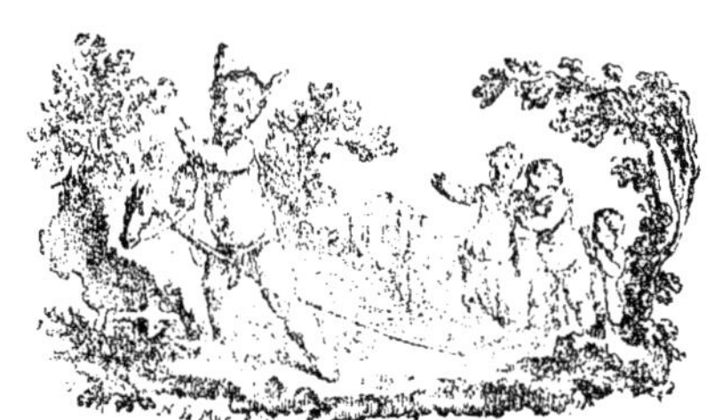

9 782329 510569